FULL SCORE
ECF-0039

「こどものための音楽」より

Extrait de "Musiques d'enfants"

作曲：セルゲイ・プロコフィエフ　編曲：三浦秀秋
Comp. by Sergei Prokofiev　Arr. by Hideaki Miura

フレックス7重奏
管楽器7パート

Part 1
Flute / Oboe / B♭ Clarinet / Soprano Saxophone

Part 2
Oboe / B♭ Clarinet / Soprano Saxophone

Part 3
B♭ Clarinet / Alto Saxophone / B♭ Trumpet

Part 4
B♭ Clarinet / Tenor Saxophone / F Horn

Part 5
Bassoon / B♭ Clarinet / Tenor Saxophone / F Horn / Trombone / Euphonium

Part 6
Bassoon / Bass Clarinet / Tenor Saxophone / Trombone / Euphonium

Part 7
Bass Clarinet / Baritone Saxophone / Tuba / String Bass

■編成について

演奏の参考になるよう【奨励編成】をいくつか提示しています。奨励編成を基準とした上で、不足楽器を該当パートの他楽器に入れ替えて編成を組むと演奏しやすいでしょう。また、奨励編成に限らず、フレックスという言葉が意味するように、奏者それぞれで独自性のある編成を考えて、独創性に富んだアンサンブル表現を創り出してみるのも良いでしょう。その際、音量のバランスに気を配ることを忘れないでください。

【奨励編成】　Part 1 / Part 2 / Part 3 / Part 4 / Part 5 / Part 6 / Part 7 の順で表記しています。

Fl. / B♭ Cl. / A.Sax. / T.Sax. / Hrn. / Euph. / Tub.

「こどものための音楽」より
Extrait de "Musiques d'enfants"

フレックス7重奏
管楽器7パート

■編曲者コメント

プロコフィエフが子供たちのピアノ学習用に作曲した小品集『こどものための音楽』より、3曲を抜粋しました。子どもたちが親しみやすい曲想や美しいメロディーを持ちながらも、随所にプロコフィエフ独特の近代的な響きが聴かれます。アンサンブルアレンジにあたって、演奏技術的にはピアノ曲集と同じく平易なものになるよう心がけつつも、管楽器のサウンドが十分に生きるよう、ボイシングやオクターブ配置などを工夫してあります。演奏にあたっては、それぞれの曲ごとの雰囲気に合わせて、音の硬軟やアーティキュレーションのニュアンスを変化させるようにしましょう。所々音がぶつかるところがありますが、これがプロコフィエフの個性なので、変に加減するのではなく、それぞれの音を思い切り吹きましょう。

(by 三浦秀秋)

■編曲者プロフィール / 三浦秀秋　Hideaki Miura

1982年生まれ。東京都在住。中学・高校と吹奏楽部でトロンボーンを吹く傍ら作編曲に興味を持ち、次第にそちらの世界に踏み込むようになる。高校卒業後、専門学校東京ミュージック&メディアアーツ尚美に入学し、作曲を川崎絵都夫、松尾祐孝の両氏に、ポピュラー・ジャズ理論を篠崎秀樹氏に師事。2004年3月、同校を卒業。現在オーケストラ、吹奏楽、各種商業音楽など幅広いジャンルに作・編曲をしている。
最近の目立った仕事としては、京都市交響楽団&加藤ミリヤ・オーケストラコンサートアレンジや、加藤登紀子シングルアレンジ、「ニュー・サウンズ・イン・ブラス」編曲参加など。現在、洗足学園音楽大学講師。

2003年、日本現代音楽協会「コントラバス・フェスタ」に公募入選、出品。
2004年、2005年、2013年、2017年、"響宴"に入選、出品。

「こどものための音楽」より
Extrait de "Musiques d'enfants"
2. 散歩

S.プロコフィエフ 作曲
三浦 秀秋 編曲

「こどものための音楽」より - 2

「こどものための音楽」より - 6

※1…Part 2がOb.以外の場合は上声部を演奏する
※2…Part 2がCl.以外の場合は上声部を演奏する

「こどものための音楽」より - 9

「こどものための音楽」より - 13

「こどものための音楽」より - 14

10. 行進曲

「こどものための音楽」より - 18

※3…Part 1がFl.以外の場合は下声部を演奏する

ご注文について

ウィンズスコアの商品は全国の楽器店、ならびに書店にてお求めになれますが、店頭でのご購入が困難な場合、当社PC&モバイルサイト・FAX・電話からのご注文で、直接ご購入が可能です。

◎当社PCサイトでのご注文方法

http://www.winds-score.com

上記のURLへアクセスし、WEBショップにてご注文ください。

◎FAXでのご注文方法

FAX.03-6809-0594

24時間、ご注文を承ります。当社サイトよりFAXご注文用紙をダウンロードし、印刷、ご記入の上ご送信ください。

◎お電話でのご注文方法

TEL.0120-713-771

営業時間内に電話いただければ、電話にてご注文を承ります。

◎モバイルサイトでのご注文方法

右のQRコードを読み取ってアクセスいただくか、URLを直接ご入力ください。

※この出版物の全部または一部を権利者に無断で複製(コピー)することは、著作権の侵害にあたり、著作権法により罰せられます。

※造本には十分注意しておりますが、万一、落丁・乱丁などの不良品がありましたらお取り替えいたします。また、ご意見・ご感想もホームページより受け付けておりますので、お気軽にお問い合わせください。

LOVE THE ORIGINAL
楽譜のコピーはやめましょう

Part 1
Flute

「こどものための音楽」より
Extrait de "Musiques d'enfants"

S.プロコフィエフ 作曲
三浦 秀秋 編曲

2. 散歩

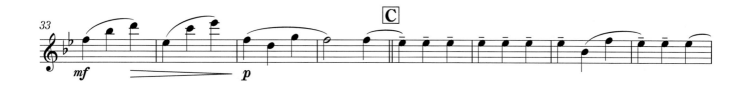

Part 1
Oboe

「こどものための音楽」より
Extrait de "Musiques d'enfants"

S.プロコフィエフ 作曲
三浦 秀秋 編曲

2. 散歩

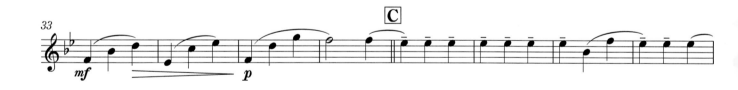

Part 1
B♭ Clarinet / Soprano Saxophone

「こどものための音楽」より
Extrait de "Musiques d'enfants"

S.プロコフィエフ 作曲
三浦 秀秋 編曲

2. 散歩

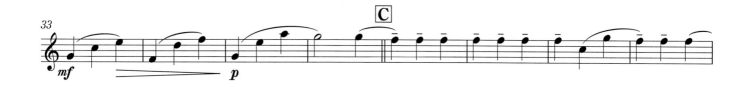

Part 2
Oboe

「こどものための音楽」より
Extrait de "Musiques d'enfants"

S.プロコフィエフ 作曲
三浦 秀秋 編曲

2. 散歩

Part 2
B♭ Clarinet / Soprano Saxophone

「こどものための音楽」より
Extrait de "Musiques d'enfants"

S.プロコフィエフ 作曲
三浦 秀秋 編曲

2. 散歩

Part 3
B♭ Clarinet

「こどものための音楽」より
Extrait de "Musiques d'enfants"

S.プロコフィエフ 作曲
三浦 秀秋 編曲

2. 散歩

※1…Part 2がOb.以外の場合は上声部を演奏する

Part 3
Alto Saxophone

「こどものための音楽」より
Extrait de "Musiques d'enfants"

S.プロコフィエフ 作曲
三浦 秀秋 編曲

2. 散歩

※1…Part 2がOb.以外の場合は上声部を演奏する

Winds Score
ECF-0039

Part 3
B♭ Trumpet

「こどものための音楽」より
Extrait de "Musiques d'enfants"

S.プロコフィエフ 作曲
三浦 秀秋 編曲

2. 散歩

※1…Part 2がOb.以外の場合は上声部を演奏する

Part 4
Tenor Saxophone

「こどものための音楽」より
Extrait de "Musiques d'enfants"

S.プロコフィエフ 作曲
三浦 秀秋 編曲

2. 散歩

Part 4
F Horn

「こどものための音楽」より
Extrait de "Musiques d'enfants"

S.プロコフィエフ 作曲
三浦 秀秋 編曲

2. 散歩

Part 5
B♭ Clarinet

「こどものための音楽」より
Extrait de "Musiques d'enfants"

S.プロコフィエフ 作曲
三浦 秀秋 編曲

2. 散歩

※2…Part 2がCl.以外の場合は上声部を演奏する

Part 5
Tenor Saxophone

「こどものための音楽」より
Extrait de "Musiques d'enfants"

S.プロコフィエフ 作曲
三浦 秀秋 編曲

2. 散歩

※2…Part 2がCl.以外の場合は上声部を演奏する

「こどものための音楽」より
Extrait de "Musiques d'enfants"

S.プロコフィエフ 作曲
三浦 秀秋 編曲

2. 散歩

※2…Part 2がCl.以外の場合は上声部を演奏する

Part 5
Bassoon / Trombone / Euphonium

「こどものための音楽」より
Extrait de "Musiques d'enfants"

S.プロコフィエフ 作曲
三浦 秀秋 編曲

2. 散歩

※2…Part 2がCl.以外の場合は上声部を演奏する

Part 5
Bassoon / Trombone / Euphonium

11. 夕べ

10. 行進曲

Part 6
Bass Clarinet

「こどものための音楽」より
Extrait de "Musiques d'enfants"

S.プロコフィエフ 作曲
三浦 秀秋 編曲

2. 散歩

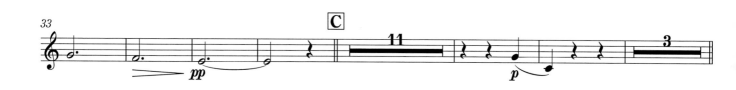

Part 6
Tenor Saxophone

「こどものための音楽」より
Extrait de "Musiques d'enfants"

S.プロコフィエフ 作曲
三浦 秀秋 編曲

2. 散歩

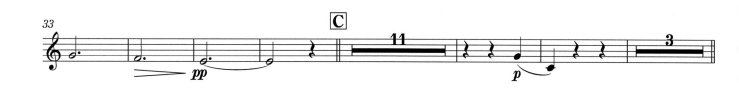

Part 6
Bassoon / Trombone / Euphonium

「こどものための音楽」より
Extrait de "Musiques d'enfants"

S.プロコフィエフ 作曲
三浦 秀秋 編曲

2. 散歩

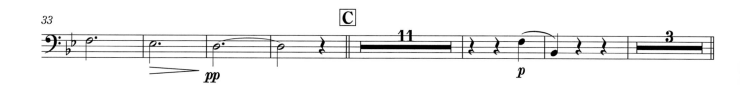

Part 7
Bass Clarinet

「こどものための音楽」より
Extrait de "Musiques d'enfants"

S.プロコフィエフ 作曲
三浦 秀秋 編曲

2. 散歩

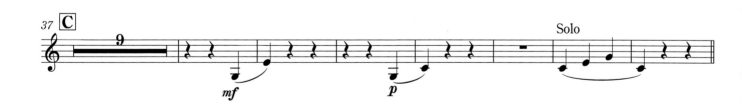

Part 7
Baritone Saxophone

「こどものための音楽」より
Extrait de "Musiques d'enfants"

S.プロコフィエフ 作曲
三浦 秀秋 編曲

2. 散歩

Part 7
Tuba

「こどものための音楽」より
Extrait de "Musiques d'enfants"

S.プロコフィエフ 作曲
三浦 秀秋 編曲

2. 散歩

Part 7
String Bass

「こどものための音楽」より
Extrait de "Musiques d'enfants"

S.プロコフィエフ 作曲
三浦 秀秋 編曲

2. 散歩